RÉFLEXIONS

SUR

LA CHARTE.

RÉFLEXIONS

SUR

LA CHARTE,

PAR M. TAILLANDIER,

PRÉSIDENT DU TRIBUNAL CIVIL DE SENS.

A PARIS,

CHEZ
DEMONVILLE, Imprimeur, rue Christine, n° 2;
DENTU, Libraire, Palais-Royal;
POTEY, Libraire, rue du Bac;
PAINPARÉ, Libraire, rue de Richelieu, n° 63.

1821.

RÉFLEXIONS

SUR

LA CHARTE.

LE Roi, en rentrant en France, a donné la Charte de 1814, comme un gage d'union comme un signe d'alliance : comment se fait-il que cette Charte soit devenue un motif de division et le prétexte de tous les désordres : on se rassemble, on s'arme, on se révolte au nom de la Charte ; les écrivains égarent le peuple au nom de la Charte ; les Chambres, appelées à partager l'exercice de l'autorité souveraine, se divisent au nom de la Charte ; partout où il y a trouble, agitation, le mot d'ordre est la Charte : un pareil résultat est fait pour affliger. Je crois en apercevoir la cause dans l'obscurité où les gens qui dirigent l'opinion publique tiennent les Français sur la nature de l'acte que nous appelons la Charte constitutionnelle ; et j'ai pensé que ce seroit rendre service à mon pays, que de rectifier les idées à cet égard.

Je crois d'autant plus utile de faire paroître ces réflexions, que les chefs de files révolutionnaires veulent trouver dans la Charte même des obstacles aux progrès de la civilisation : au moment où les assemblées se réunissent, ils prônent de tous côtés que la Charte défend toute amélioration dans le gouvernement, ils annoncent dans leurs journaux que la Charte a déshérité les générations à venir de toutes les perfections politiques que l'expérience pourroit démontrer, et frappent à l'avance de criminalité les autorités constituées dont les opérations ne seroient pas en parfait rapport avec le sens qu'ils donnent aux mots de la Charte; leur respect pour ces mots est si grand, que s'ils pouvoient y trouver le moyen d'embraser toutes les parties de la France en un seul jour, ils seroient les premiers à mettre le feu, en criant encore au milieu de l'incendie : *Vive la Charte !* J'avoue que je ne suis pas tout-à-fait aussi scrupuleux, et que j'aimerois encore mieux croire qu'il y a eu erreur de la part de l'imprimeur et même de l'autorité qui a octroyé la Charte, que de participer à la ruine de mon pays. Mais je vais établir qu'il n'y a ici ni erreur ni omission; que la Charte ne sauroit jamais être un obstacle au bien public, et que ce n'est qu'en usant de leur perfidie ordinaire que les révolutionnaires ont excité, et veulent encore exciter tant de troubles au nom de la Charte.

Voyons d'abord ce que signifie le mot *Charte*, et le sens que l'usage a attribué à ce mot dans la langue française; pour cela cherchons-en l'origine dans les faits. Les faits sont le dictionnaire de l'homme public; c'est là que se trouve pour lui la véritable signification des mots. Le révolutionnaire ne reconnoît pas d'antécédens, il interprète tous les mots suivant les besoins de son imagination; mais le vrai publiciste est comme

Janus, il voit à la fois le passé et l'avenir, et ne méconnoît pas la liaison qui forme le présent.

Les hommes du Nord détruisirent l'empire romain, et sur les débris de cet empire on vit en Europe s'élever une multitude de petites nations dont les gouvernemens, d'abord purement militaires, amenèrent ensuite le gouvernement connu sous le nom de gouvernement féodal. On peut suivre dans l'histoire les développemens et la chute du gouvernement féodal, pour ce qui compose aujourd'hui la France; on peut y voir comment, par la marche des choses, la souveraineté, partagée d'abord en une foule de petits seigneurs plus ou moins puissans, se réunit petit à petit dans les mains d'un seul monarque, et forma enfin l'autorité royale fixée sur le principe de la légitimité dans la famille des Bourbons. Un des moyens qui ont favorisé le développement de cette grande autorité, fut l'affranchissement des communes.

Autrefois, presque toutes les communes grandes ou petites étoient sous la dépendance d'un seigneur qui avoit sur elles les droits de la souveraineté dans toute la latitude de ce mot; bientôt l'industrie et le commerce, qui prirent un essor rapide à cause de la richesse du territoire, se trouvèrent gênés par l'exercice et les abus de cette grande autorité déposée entre les mains de petits potentats qui n'en connoissoient pas l'importance. Cependant on fit des réclamations de la part des opprimés; on tenta la cupidité des oppresseurs, on offrit des équivalens pour les sacrifices de l'autorité. Enfin il se fit des transactions entre les seigneurs et les communes. Par ces transactions, les seigneurs firent l'abandon de certains droits qui arrêtoient les progrès de l'industrie et du commerce : de leur côté, les communes s'engagèrent à donner des équivalens pour les concessions faites par les seigneurs ; et de cette sorte, les communes, affranchies des charges énormes imposées pendant la conquête, marchèrent avec rapidité à cet état prospère, dont nous recueillons encore les avantages aujourd'hui, malgré toutes les destructions de la révolution.

De ces transactions passées entre les seigneurs et les communes, il fut rédigé des actes suivant les formes du temps ; ces actes furent appelés des *Chartes.* Ainsi le mot *Charte* rappelle d'abord une sorte de traité politique. Ensuite comme ce fut à l'occasion de l'émancipation des communes, soumises originairement à l'autorité despotique des seigneurs, que sont nés ces sortes de traités, on joint presque toujours à ce mot une idée de liberté, et l'on entend généralement par le mot *Charte* un titre d'affranchissement : nous voyons en effet, par l'origine que nous venons de rapporter et par les faits de notre histoire, que toutes les franchises accordées soit aux corporations soit aux individus, furent consacrées par des actes appelés *Chartes.*

Les révolutionnaires veulent faire entendre que les Chartes sont des mots magiques, qui produisent des effets plus ou moins étonnans ; ils veulent faire entendre que ce sont des espèces de talismans, qui ont la puissance de faire marcher les machines sociales ; c'est là une de ces erreurs mystiques avec lesquelles les fourbes égarent les peuples, et les font tomber dans les désordres qui amènent leur dispersion; les mots ne renferment rien de mystérieux, et le mot *Charte*, pas plus qu'un autre, n'a le pouvoir d'influer sur la marche des sociétés. Une Charte est une sorte de convention par laquelle le puissant abandonne au profit du foible une partie des droits ou du pouvoir que les circonstances lui ont donnés. Dans les premiers temps de la monarchie, l'autorité étoit jointe à la propriété; le seigneur avoit sur les habitans de sa seigneurie tous les droits du monarque. Insensiblement l'autorité se sépara de la propriété; cette séparation, devenue nécessaire par l'agrandissement de la société, fut regardée comme un bienfait, et l'on appela l'acte qui contenoit les conditions de ce bienfait une Charte d'affranchissement. Les Chartes sont des traités sur l'autorité, comme nos obligations pécuniaires sont des traités sur la richesse. Le riche, qui aujourd'hui fait un contrat avec le pauvre, est comme le seigneur qui traitoit autrefois avec le vassal. L'un échangeoit la puissance de l'autorité, comme l'autre échange la puissance de l'argent; tous deux trafiquent des avantages que les circonstances leur ont donnés.

Les révolutionnaires vont plus loin: non-seulement ils donnent au mot *Charte* un sens mystérieux, ils veulent encore que les Chartes soient des êtres réels, et ils leur attribuent, en cette qualité, des droits et une puissance effective. Suivant eux, d'abord, les Chartes ont en elles-mêmes une force occulte, qui seule peut créer les sociétés et les faire marcher ; ensuite ils font accroire au peuple que les Chartes sont comme de véritables personnes qu'un individu peut insulter, attaquer et tuer ; écoutez leurs vociférations : « on attaque la Charte, on viole la Charte, on détruit la Charte », comme si la Charte étoit un être animé, qui pût être outragé, insulté ou tué. On ne peut concevoir qu'une nation qui se vante d'être éclairée au-dessus de toutes les autres, soit tombée dans un tel état d'imbécillité. Cependant le fait est réel, et il est peu de Français qui, dans l'état d'égarement où les ont jeté les prédications révolutionnaires, ne croient à la puissance réelle des Chartes, comme on croit à la puissance de ces fantômes dont on a effrayé notre imagination dans l'enfance. Ramenons les choses à leur véritable signification ; que les Français apprennent enfin que jusqu'à la révolution, le mot *Charte* ne rappeloit que des idées de bonheur et de bienveillance, et que ce n'est que depuis cette époque de misères et de crimes, que les révolutionnaires ont converti ces idées en celles de persécutions et de mort.

La signification du mot *Charte*, ainsi rectifiée en général, voyons ce qu'est en particulier la Charte constitutionnelle de 1814 ; et d'abord posons les faits.

Les révolutionnaires avoient conquis la France : après avoir en vainqueurs détruit toutes les institutions qui lui appartenoient comme nation, après avoir anéanti dans des flots de sang tout ce qui formoit les liens de la société, ils avoient essayé de comprimer par les formes violentes de la terreur les 25 millions d'individus qu'ils avoient désunis. Leur entreprise fut sans succès : ne pouvant plus s'entendre, et prêts à s'égorger entre eux, ils se laissèrent subjuguer à leur tour, par un homme audacieux qui, se jouant de toutes les moralités, crut qu'il suffisoit d'avoir du talent pour devenir le maître de l'Europe. La fortune ayant abandonné Bonaparte, les révolutionnaires secouèrent le joug, et achevant ce qu'avoit commencé la fortune, ils renversèrent l'Empire et l'Empereur. Mais, trop foibles au milieu des embarras qu'avoit fait naître une chute si imprévue, ils reçurent la loi des Puissances de l'Europe, et les Bourbons rentrèrent en France. Tel étoit l'état des choses, lorsque Louis XVIII, chef de la famille des Bourbons, et en cette qualité possesseur de l'autorité souveraine, publia la Charte constitutionnelle de 1814. Examinons cet acte.

Pour bien apprécier un acte, il faut connoître la position des personnes qui ont contracté, la nature des choses sur lesquelles on a contracté, et les circonstances qui ont déterminé le contrat; envisageons ici, sous ces différens rapports, la France, les Bourbons, et les révolutionnaires.

La France, envisagée comme corps politique, n'existoit plus ; les habitans de son territoire, n'ayant plus rien de commun entre eux, n'ayant plus de religion, de morale, ni de lois, ne pouvoient être regardés comme formant une nation proprement dite : c'étoit une agrégation de 25 millions d'individus, à qui tout manquoit non-seulement pour composer une société, un gouvernement, mais même pour jouir de l'existence collective. En cet état, la France attendoit du retour des Bourbons sa renaissance à la vie sociale; elle attendoit le rappel de tous les liens religieux, moraux et civils, qui avoient formé son existence nationale; elle demandoit aux Bourbons de renouer ce qu'avoit brisé la révolution; elle demandoit à être replacée dans ses limites morales de 1789; elle demandoit la correction de tous les effets politiques de la conquête; elle demandoit enfin l'anéantissement de cette doctrine séditieuse qui avoit dissous l'être collectif appelé la nation française.

De leur côté, les Bourbons, en rentrant en France, y rentroient avec tous les devoirs et toutes les obligations attachées à l'exercice de la royauté; ce que demandoit la France, les Bourbons contractoient par leur retour l'engagement de le lui donner. Dans tous les pays du monde, l'autorité souveraine, en quelques mains qu'elle soit déposée, est chargée de protéger la religion, les lois et les coutumes de la société; ainsi de cela seul que les Bourbons rentroient en France pour y exercer l'autorité souveraine, ils contractoient l'obligation d'employer toute la puissance que la Providence leur avoit confiée pour le rétablissement de la religion, des lois et des coutumes de la nation; à cet égard, leurs devoirs étoient en parfait rapport avec les besoins de la France.

A l'égard des révolutionnaires, après avoir conquis la France et l'avoir traitée avec plus de cruauté que les Goths et les Vandales n'en déployèrent jamais dans leur plus grande barbarie, ils étoient vaincus à leur tour. Cependant ils pouvoient encore faire beaucoup de mal ; ils pouvoieut se livrer à quelque acte de désespoir, et, comme *Samson*, s'enterrer sous les ruines de l'édifice. Cette circonstance déterminoit à traiter avec eux : mais quel pouvoit être l'objet de ce traité? Ici se place une réflexion importante: les révolutionnaires dans leur délire veulent enchaîner par la Charte les générations à venir, et prétendent les empêcher de profiter des améliorations politiques que le temps peut amener ; ils disent pour cela qu'ils ont représenté ces générations lors de la rédaction de la Charte : c'est là un mensonge politique qu'il faut éclaircir. On pourroit d'abord leur demander, où est leur titre de représentation; est-ce dans cet assemblage de forfaits, et de calamités morales et physiques, dont ils ont couvert la France, qu'ils prétendent le puiser ? Ah! qu'ils gardent le passé, puisque le passé est irréparable, mais qu'ils n'empoisonnent pas l'avenir! Ensuite, lors de la Charte de 1814, les révolutionnaires n'avoient, de fait, ni intérêt ni mission pour représenter les générations à venir ; vaincus et cependant encore redoutables, ils pouvoient demander le pardon de leurs crimes, le maintien de leurs usurpations, la conservation de leurs places; mais ils ne pouvoient demander à enchaîner les générations futures par des formes quelconques de gouvernement ; ils pouvoient stipuler pour eux sur des faits passés, mais ils ne pouvoient stipuler pour les hommes à venir, et sur des choses qui n'intéressoient que le corps collectif : c'étoit des criminels qui avoient besoin de grâces, de pardons, et non des législateurs en position de dicter des lois à l'univers social.

A côté des révolutionnaires, étoit aussi la masse des Français ayant vécu, pendant 25 années, au milieu des débris de la société et des bouleversemens qu'avoit amenés le brisement de tous les liens sociaux. Pendant ce long espace de temps, cette masse passive avoit suivi le torrent, et avoit éprouvé dans ses relations civiles tous les désordres qui avoient existé dans ses relations politiques ; des conventions avoient été faites, des droits avoient été créés, des possessions avoient été acquises ; d'un autre côté des mariages contractés, des établissemens formés, des successions partagées: toutes ces opérarations se trouvoient entachées plus ou moins d'erreurs ou de mauvaise foi. Cependant ces vices ne pouvoient être reprochés à ceux qui en avoient profité ; les Français, égarés par des tyrans qui se faisoient appeler législateurs, avoient cru suivre des lois en commettant des spoliations ; il y avoit eu iniquité dans les choses, il n'y en avoit pas eu dans les personnes ; la justice avoit été violée, mais ce n'étoit pas par le fait de celui qui s'étoit enrichi de cette violation: c'est une inondation qui augmente le champ du voisin ; tout en profitant du malheur, ce voisin n'en peut être accusé. Cette masse de Français placés dans une position si singulière, demandoit en 1814 un acte de l'autorité souveraine qui pût régulariser toutes ses opérations et les rattacher à la marche légitime de la société ; le Roi avoit donc encore à s'occuper à son retour d'un règlement qui pût rétablir l'équilibre dans le monde civil, et rectifier tous les vices que les temps révolutionnaires avoient laissés dans les conventions.

Enfin, le Roi trouvoit à son retour en France une génération élevée dans des idées nouvelles sur les formes des gouvernemens; ce n'étoit pas sans doute le progrès des lumières et le développement de la raison humaine qui avoient amené ces idées; leur triomphe n'étoit dû qu'à l'audace du crime accompagnée de la plus noire perfidie; de misérables écrivains soutenus par des bourreaux, avoient amené la nation à un état déplorable d'erreur et d'aveuglement sur la nature de ses devoirs, et sur ce qui forme une véritable liberté publique. Mais quelle qu'en fût la cause, le Roi trouvoit la masse des Français dans des sentimens nouveaux; il devoit les prendre dans cet état, et ne pouvoit donner le régime d'une parfaite santé à des gens attaqués de maladie. Il falloit que dans sa sagesse il accordât le gouvernement qu'il alloit créer avec les idées nouvelles; il devoit, comme Solon, donner non les meilleures lois possibles, mais les plus convenables.

Voilà la position des parties connue : maintenant examinons l'acte, autrement dit, cherchons, dans la Charte même, sa substance, sa nature, et ses véritables dispositions; nous serons bientôt convaincus qu'il n'y a que la plus insigne mauvaise foi qui ait pu trouver des causes de trouble et de division dans ce monument de sagesse et de prudence.

Sans prétendre faire de divisions absolues, on

peut dire que la Charte contient quatre parties distinctes ; dans une première, elle rattache l'autorité souveraine à son auteur, et donne le principe véritable de la légitimité ; dans une seconde, elle proclame les changemens dans le gouvernement, adoptés par l'autorité souveraine ; dans une troisième, elle trace les règlemens nécessaires pour consolider ces changemens ; enfin, dans une quatrième, elle contient le pardon de tous les crimes passés, et consacre toutes les transactions civiles intervenues dans les temps de trouble et de désordres. Parcourons chacune de ces parties, et faisons quelques réflexions pour en faire ressortir le véritable sens.

§. Ier.

Du principe de l'Autorité souveraine.

Louis XVIII commence par rattacher l'autorité royale à Dieu, et donne par là le principe véritable de la légitimité : *Louis XVIII, par la grâce de Dieu, roi de France et de Navarre, etc.* Le Créateur de l'univers, le maître des hommes et des choses, voilà le maître des Rois et le créateur de leur puissance ; imbécilles rêveurs qui créez des mots pour en faire des êtres, philosophes stupides qui voulez détrôner la Providence, et remplacer ses décrets par les caprices d'une multitude ignorante et incapable de volonté, écoutez ces mots : *Louis, par la grâce de Dieu, etc.*, c'est Dieu qui vous a donné votre Roi, comme il vous a donné la vie, comme il vous a donné vos facultés physiques et morales ; respectez donc cette origine ; obéissez au Roi, et par là vous rendrez hommage à la Divinité.

Une des bases de la doctrine des révolutionnaires, est de méconnoître le pouvoir de Dieu, et d'attribuer la toute-puissance sur les sociétés à ce qu'ils appellent le peuple. Ils savent bien que le mot *peuple* ne représente qu'une fiction, qu'il n'y a pas d'être qu'on appelle *peuple*, que, par conséquent, il n'y a pas de volonté du peuple; mais, comme il ne leur faut que des sentimens haineux et vindicatifs, et que semblables à Satan, ils ne peuvent régner que par la discorde, ils sèment d'abord la confusion dans les esprits par les abus du langage ; ils échauffent ensuite les hommes les uns contre les autres, et les amènent ainsi à cet état de guerre qui leur permet d'établir leur domination : voilà tout leur talent. Louis XVIII abjure cette doctrine impie, et rappelle les hommes au seul être réel et existant par lui-même, qui est Dieu ; ce n'est point par une fiction, ce n'est pas par une constitution écrite, ce n'est point par la volonté de l'homme qu'il est Roi, c'est par la volonté de Dieu ; c'est la Providence qui, en amenant la grandeur de la nation française, a fait naître en même temps la puissance royale, c'est l'esprit d'ordre qui vivifie l'univers, qui a développé cette autorité protectrice, à l'aide de laquelle nos Rois ont placé la France au premier rang du monde civilisé. Ainsi, le principe de l'autorité royale, c'est le principe de toute chose ; son origine est celle de tout ce qui existe, et nul autre créateur ne peut être invoqué ici que le Créateur de l'univers.

Par là, tombent toutes les idées chimériques de contrat social, de souveraineté du peuple, et toutes ces rêveries du dernier siècle qui ont tant égaré les hommes; il n'y a pas de souveraineté du peuple, il n'y a pas de contrat social, les hommes ne créent pas plus les nations qu'ils ne font les Rois, et toutes les déclamations débitées à cet égard ne sont que des illusions de l'orgueil et de l'amour-propre : Dieu seul, voilà la cause éternelle de tout ce qui a existé, et de tout ce qui existera : vouloir se séparer de cette cause, vouloir s'isoler de la chaîne des êtres créés pour s'élever au rang de Créateur, c'est un véritable délire, c'est un acte de folie mêlé d'impiété, et dont le crime devient le résultat nécessaire.

En annonçant la source de sa puissance, le Roi annonce en même temps la source de ses devoirs, et donne à son peuple une garantie que les combinaisons de l'homme ne peuvent remplacer. Dans leur élévation aucune affliction temporelle ne peut atteindre les Rois ; la nature des choses les place au-dessus des lois ; par les constitutions humaines, ils seroient des êtres privilégiés sur la terre : la crainte de Dieu les rend à l'humanité ; maîtres des autres PAR LA GRACE DE DIEU, ils reconnoissent un maître à leur tour, et rattachant leur puissance à l'Être souverainement fort et bon, ils contractent l'obligation d'imiter leur auteur dans l'exercice de cette puissance.

§. II.

Des changemens dans le gouvernement adoptés par l'autorité souveraine.

Le Roi, reconnoissant le pouvoir du temps, déclare ensuite, dans la Charte, les changemens qu'il veut adopter dans la marche du gouvernement; c'est ici que le mot *Charte* rentre dans sa véritable signification; le Roi en accédant aux idées du jour, fait des concessions, modifie l'exercice de son autorité souveraine; il affranchit le peuple de certaines règles, il accorde de véritables libertés publiques : ne cherchons pas si ces libertés publiques sont en parfait rapport avec le bonheur des sociétés, elles sont accordées; voilà le fait.

Dès l'origine, la France avoit adopté comme base de sa constitution sociale, l'unité de religion; la religion chrétienne, qui étoit la sienne, ayant éprouvé des divisions lors de la réforme de *Luther*, et ces divisions ayant pris, depuis, une grande consistance, l'unité de religion avoit cessé de fait; les générations qui s'étoient succédées avoient admis des différences dans l'exercice des cultes, et les Bourbons rentrant en France trouvèrent les Français habitués à ces différences : Louis XVIII céda à des choses qui étoient achevées, dont les Français étoient en possession; c'étoit un fait consommé, Louis XVIII proclama la liberté des cultes. Les révolutionnaires célèbrent cette liberté comme un triomphe : si c'est un triomphe pour eux, en est-ce un pour la société ?.... Mais il ne s'agit pas de discuter ; l'autorité souveraine a proclamé la liberté des cultes, et l'unité de religion n'est plus, en droit, l'un des principes de la société française. Première liberté.

Depuis la découverte de l'imprimerie, la rapide publication des pensées avoit amené de graves inconvéniens dans l'ordre politique ; ce qui étoit sans danger avec l'écriture à la main, étoit devenu une cause de trouble et de désordres par le moyen de la presse ; le gouvernement français, témoin des premiers abus, et bientôt éclairé par l'expérience, avoit corrigé les inconvéniens de la nouvelle découverte, et accordé les avantages de la presse avec les besoins de la société ; autrefois, un tribunal existoit sous le nom de censure, et étoit chargé d'autoriser les publications des pensées qui ne pouvoient nuire à l'ordre public. Cette institution, quoi qu'on en ait pu dire, étoit plus sage qu'une liberté absolue qui ne semble qu'un piége tendu pour faire des coupables ; quoi de plus étrange, en effet, que de donner la liberté de tout dire, et de punir ensuite ceux qui disent tout; et ne faut-il pas mieux mettre les citoyens dans l'impuissance de faire le mal, que de leur permettre ce mal pour les en blâmer ensuite ? Puisque d'ailleurs ce sont des hommes qui doivent décider s'il y a faute dans la publication d'un ouvrage, n'est-il pas plus avantageux à l'ordre public, que ces hommes jugent l'ouvrage avant qu'il ne paroisse, et préviennent ainsi la faute au lieu de la punir? L'effet seroit le même pour la société, sauf le scandale et les mauvais effets de la publication. L'art du législateur est de préparer un heureux avenir par des institutions toujours bienveillantes ; mais la méthode des révolutionnaires est de créer un horrible présent pour se donner le plaisir de punir les crimes qu'ils font naître. Quoi qu'il en soit, la censure fut une des premières institutions renversées par la révolution ; un déluge de maux sortit de cette destruction ; les calomnies les plus odieuses armèrent le peuple contre les choses et les hommes ; les êtres les plus vils devinrent les idoles d'une masse ignorante, qui n'étoit séduite que par la grossièreté et la sottise ; et la liberté de la presse qui devoit tout éclairer, jeta la France dans les plus épaisses ténèbres : ni l'expérience, ni la grandeur du mal ne guérirent les Français ; l'illusion resta telle, qu'au retour du Roi, les hommes les plus influens dans la nation réclamèrent encore, comme un avantage social, la liberté de la presse ; le Roi se rendit à ce vœu, et consacra dans sa Charte la liberté pour tout Français de publier ses pensées par la voie de l'impression, sauf à être puni, s'il y avoit lieu, après la publication. Ainsi nouveau droit accordé aux Français, permission de publier tous écrits sans censure préalable. Deuxième liberté.

Chez tous les peuples possibles, ce sont les familles qui ont servi de type aux sociétés, et partout la Providence a fait naître les grandes réunions politiques de petites réunions appelées familles : ce qui avoit amené les nations, les a ensuite conservées ; dans leurs développemens, elles suivirent le régime qui leur avoit donné l'être ; aussi voyons-nous dans l'histoire, que c'est l'éclat des familles qui fixe toujours le rang des corps politiques. Le résultat de cet état de choses fut dans l'ordre social de faire remarquer les citoyens par les familles auxquelles ils appartenoient avant que d'envisager leurs qualités personnelles, et par suite d'accorder les prérogatives du gouvernement aux familles plutôt qu'aux individus : cette mesure sociale amenée par la nature des choses, d'un côté, facilitoit beaucoup le mouvement général du corps politique, et de l'autre, lui conservoit une unité d'existence à travers les variations de l'univers : les familles étoient en quelque sorte des Chartes vivantes qui continuoient, pour les générations qui se succédoient, les mêmes mœurs, les mêmes usages, les mêmes lois ; les traditions passoient d'âge en âge, et les citoyens d'un siècle se rattachoient ainsi aux siècles qui les avoit précédés. La France avoit adopté ce régime : dans un grand royaume, il avoit été nécessaire d'établir des rangs et des dignités ; ces rangs et ces dignités avoient été attribués aux familles, et de là s'étoit formé un ordre de citoyens, qu'on avoit appelé la noblesse. La noblesse appartenoit aux familles ; mais tous les individus étoient admis à commencer une famille noble : les services rendus à l'Etat, les belles actions militaires, une longue carrière dans certaines magistratures procuroient la noblesse, et par là l'encouragement nécessaire aux talens naissans, étoit accordé avec le respect et la reconnoissance dus aux fondateurs des anciennes familles nobles. La révolution, dans sa marche destructive, brisa l'institution des familles, et ne voulut admettre que les individus au partage des prérogatives de la société ; plus d'hérédité dans les rangs, plus de droit de naissance dans la possession des dignités ; tous les citoyens sans distinction furent appelés à jouir de tous les avantages que l'état social peut développer. Cette innovation a été adoptée par le Roi, le Roi a proclamé dans la Charte que les prérogatives des familles étoient supprimées, que les individus seuls avoient droit aux fonctions publiques, et que tous les citoyens étoient admissibles à toutes les places, sans qu'aucun droit étranger à la personne pût conférer de priviléges. Ainsi, suppression de la noblesse, qui n'est qu'un privilége de famille ; la carrière des fonctions publiques ouverte à tous les Français sans distinction de naissance, de primogéniture ou autres priviléges semblables. Troisième liberté.

Autrefois, les rois de France exerçoient seuls ce pouvoir que l'on a si improprement qualifié de pouvoir législatif ; les rois de France ne faisoient pas de lois, parce que les lois sont hors de la création humaine ; mais ils donnoient force de lois aux modifications que les progrès de la société, et le temps qui développe les effets de toutes choses, pouvoient rendre nécessaires. Ainsi, jusqu'en 1789, l'autorité royale seule avoit fait les règlemens et ordonnances nécessaires pour faire exécuter les lois du royaume, et leur faire produire leurs effets politiques. Cette autorité s'exerçoit sans reconnoître d'autres limites qu'un droit de représentations confié à de grands corps de magistrature ; mais si, après les représentations, l'autorité royale persistoit, l'obéissance devenoit le devoir commun. Louis XVIII rentrant en France, voulut de lui-même, restreindre son autorité, en faisant participer une portion élue du peuple à la partie de cette autorité qui regardoit la modification des lois ; il établit par sa Charte une chambre élective, avec laquelle il partagea sa puissance souveraine. Ainsi création d'une chambre de députés élus par le peuple. Quatrième liberté.

Enfin, l'autorité royale, qui jusqu'alors avoit seule établi les impôts, et qui, également en cette partie, n'admettoit que les représentations des grands corps de l'Etat, abandonne ses droits sur le pouvoir de régler les contributions publiques. Louis XVIII, dans la Charte, reconnoît lui-même la puissance des temps, proclame les progrès de l'industrie et du commerce, et, dans ce grand changement des choses, donne au peuple appelé à payer, le droit de s'imposer lui-même; non-seulement il l'appelle à l'exercice de ce droit par des députés de son choix; mais encore il veut que l'initiative en cette partie appartienne à la chambre élective. Ainsi droit de voter les impôts par une chambre élective, accordé au peuple français. Cinquième liberté.

En rappelant les libertés accordées par la Charte, je n'entre pas ici dans le domaine des fictions, comme les révolutionnaires qui ne voient dans la Charte que des mots, et qui veulent l'expliquer avec des dictionnaires : je vois, moi, dans la Charte, des réalités.

Louis XVIII, en accordant des franchises à son peuple, lui a accordé quelque chose de positif; ce ne sont pas des paroles obscures qu'il lui a données pour le diviser, c'est un bienfait réel dont il l'a gratifié: le Roi possédoit seul l'autorité souveraine, il abandonne une partie de cette autorité, il appelle au partage de ses prérogatives une portion du peuple qui n'y avoit aucun droit; il y a là véritable concession, il y a un véritable bienfait, contre lequel toutes les argumentations de mots ne peuvent rien.

Mais, disent les révolutionnaires, cette autorité souveraine, ces prérogatives royales étoient originairement des usurpations sur les peuples; malheureux raisonneurs, reconnoissez donc quelque base, fixez donc un cercle dans lequel on puisse vous atteindre. Il ne s'agit pas ici de juger en abstraction les prérogatives royales; il n'y a point de tribunal possible pour cela, et s'il en existoit un, il seroit facile d'y démontrer votre impudence politique: il s'agit d'un fait réel, il s'agit d'une chose positive. L'autorité royale seule en France faisoit les règlemens législatifs, l'autorité royale seule établissoit les impôts; donc Louis XVIII qui possédoit ces prérogatives a fait une concession lorsqu'il a admis d'autres personnes à l'exercice de ces prérogatives. Elles étoient en sa personne des droits aussi sacrés que tous les autres droits de propriété connus dans la société, et provenoient de la même source, de la légitimité; et lorsque le développement de huit siècles avoit appuyé la possession de ces droits, lorsque la prospérité du plus beau royaume de l'univers en avoit été le résultat, on ne croit plus entendre des hommes, quand on vous entend vociférer. Vous parlez d'usurpation ; et que faudroit-il dire, si l'on examinoit vos possessions d'hier par ces mêmes idées; ces biens, ces places, ces honneurs que vous possédez si arrogamment, est-ce la justice qui a amené cette possession? cependant l'autorité souveraine l'a consacrée! Et vous, hommes d'un jour, vous venez attaquer des possessions de huit siècles et rechercher les causes de ces droits sur lesquels ont passé les âges du monde! Perfides sophistes, qui voulez juger l'homme fait par les imperfections de sa naissance, apprenez que ce n'est pas par le passé qu'il faut apprécier le présent. L'univers lui-même n'étoit d'abord qu'une matière mouvante et confuse que le temps a consolidée et ornée de l'éclat que vous admirez. Nos ancêtres étoient bien plus justes que vous; nous ne les voyons occupés dans l'histoire qu'à célébrer les auteurs de leurs affranchissemens: et vous, vous faites un crime à vos bienfaiteurs des bienfaits qu'ils vous accordent, en attaquant leurs possessions! Vous avez égorgé Louis XVI pour le récompenser des libertés publiques qu'il vous avoit concédées! Votre fureur menace encore les héritiers du saint Roi à l'occasion de nouvelles franchises! Monstres d'ingratitude, si rien ne peut vous toucher, ah! laissez du moins aux vrais Français les sentimens de reconnoissance qu'ils portent à l'auteur de la Charte.

§. III.

Des règlemens nécessaires pour consolider les changemens adoptès par le gouvernement.

Parmi les libertés concédées par la Charte, il en étoit pour lesquelles l'énonciation du principe suffisoit, telle que la liberté des cultes ou la liberté de la presse; mais il en étoit aussi qui avoient besoin de détails, pour en régler l'usage. Par exemple, le Roi accordoit aux Français une chambre élective chargée de les représenter; il falloit déterminer la composition de cette chambre, fixer les qualités des personnes à élire, prescrire les conditions de l'élection, les formes des délibérations, etc.; le Roi s'occupa de ces détails et donna des règlemens particuliers, pour faire mouvoir la chambre élective. Ces règlemens étoient d'autant plus nécessaires que l'institution étoit toute nouvelle, et n'avoit aucun rapport avec les anciens rouages de la monarchie; on ne pouvoit rien trouver dans les lois de la France qui pût diriger les esprits dans cette nouveauté, il falloit donc tracer la marche à tenir, et Louis XVIII la traça par des détails réglementaires insérés dans la Charte : examinons-en la nature.

Il est évident que ces détails ne peuvent avoir la fixité qui appartient aux principes ; la concession d'une chambre élective est invariable, mais la composition de cette chambre ne l'est pas, et ne peut pas l'être : cette composition dépendra à perpétuité de l'état de la nation et de tous les développemens que le temps peut amener dans la civilisation. Par exemple, le Roi a cru devoir prendre une garantie pour les élections dans la propriété; il a établi par la Charte que, pour concourir à l'élection, il faudra payer 300 f. d'impôts et que pour être élu il faudra payer 1000 f.; le mouvement de la société française vers la richesse peut amener dans la suite cette conséquence que, les sommes de 300 f. et de 1000 f. soient ou trop fortes ou trop foibles pour former la garantie que l'on a voulu donner à l'institution: certes alors, si l'autorité souveraine changeoit cette base et la mettoit au niveau des nouvelles circonstances il n'y a qu'un révolutionnaire incorrigible qui pût dire qu'il y auroit violation de la Charte, et tout vrai citoyen diroit que, loin de violer la Charte, l'autorité souveraine l'auroit consolidée, en fortifiant son exécution, et en assurant par des moyens relatifs la force de la représentation élective qu'elle a donnée à la France.

Le Roi pouvoit régler les détails de la chambre élective tout différemment qu'il ne l'a fait, et le bienfait n'eût pas moins existé; il pouvoit la composer de plus ou moins de députés, il pouvoit fixer les conditions de l'élection de plusieurs manières, il pouvoit appeler la chambre élective à durer cinq ans, sept ans ou à être renouvelée chaque année; tout cela ne portoit pas atteinte à l'idée du bienfait qu'il accordoit à son peuple. Si donc le Roi s'apercevoit que plusieurs détails réglementaires qu'il a mis dans sa Charte, fussent prêts à donner des effets opposés à ceux qu'il espéroit, et à détruire même la liberté qu'il a voulu donner à la nation, ce ne seroit pas revenir contre son bienfait que de mieux adapter ces règlemens aux circonstances, et de les rectifier dans l'intérêt du bienfait. Si par exemple le Roi, instruit par l'expérience que le renouvellement annuel et par portion de la chambre élective est une mesure toute contraire à l'institution qu'il a voulu créer; si le Roi instruit par l'expérience que ce renouvellement partiel ne permet pas à la chambre élective de prendre une attitude convenable ; qu'une chambre renouvelée tous les ans par cinquième n'a pas d'idée fixe des choses, que chaque cinquième arrivant apporte des hommes nouveaux et des idées nouvelles avec lesquelles il devient impossible au Gouvernement de marcher ; si, dis-je, le Roi, éclairé ainsi par les faits, ordonnoit la réformation de l'article de la Charte qui prescrit le renouvellement partiel : quel est l'homme assez aveugle pour ne pas voir dans cette réformation la confirmation même du bienfait accordé par la Charte? Le Roi pourroit donc changer les articles de détail, qu'il a cru devoir insérer dans la Charte, sans altérer pour cela l'institution élective qu'il nous a accordée.

En 1815, lors de sa seconde rentrée en France, Louis XVIII n'avoit pas hésité à changer quelques détails relatifs à l'âge et au nombre des députés; toute la France applaudit à ces changemens, et personne n'eut l'idée d'y voir une violation des libertés accordées par la Charte; ce fut au cinq septembre 1816, que par la plus funeste des erreurs, le gouvernement imagina pour complaire aux révolutionnaires, de revenir contre cette puissance réglementaire et de rentrer dans la doctrine des mots; alors on rappela la nation à l'égarement dans lequel l'avoient jetée toutes les perfidies révolutionnaires sur la Charte et sur les constitutions : la Charte du Roi, depuis cette époque, n'a plus été un bienfait, un titre d'affranchissement ; la Charte est devenüe une série de mots, dont l'interprétation a été abandonnée aux écrivains et aux journalistes ; les autorités constituées de l'Etat ont pâli devant le nouveau pouvoir des interprètes ; et le moment n'a pas été loin où le bienfait, accordé par le Roi pour sauver la France, alloit devenir la cause du plus horrible bouleversement, et de l'anéantissement même de l'autorité royale.

Cet inconvénient, il faut le dire, fut préparé par l'élan généreux qui anima l'autorité royale au moment où elle donna la Charte de 1814 : l'autorité royale n'aperçut pas assez l'état d'égarement dans lequel la nation étoit tombée par l'abus du langage et l'espèce d'aliénation mentale qu'avoient fait naître les fausses définitions des révolutionnaires. On ne mit pas assez de ménagement dans l'emploi des mots, et le bienfait fut obscurci par les expressions mêmes qui devoient l'établir : ce ne furent pas des franchises déterminées que le peuple crut recevoir, ce fut une Charte, ce fut une idée vague, ce fut une œuvre imprimée soumise à l'interprétation, et qui alloit devenir un sujet de dispute : écoutez tous les Français sur la Charte, il n'en est presque pas un qui ait l'idée du bienfait qu'elle contient ; ces écoliers enlevés aux bancs de l'école pour juger la Charte, ces ouvriers ramassés dans les rues au nom de la Charte, croient que la Charte est un être vivant qui a certaines qualités occultes ; c'est le même égarement qui a transporté le peuple pour toutes les constitutions de la révolution ; les choses ont été portées au point que de fait le cri de *vive la Charte* est devenu le mot d'ordre de l'insurrection et de la révolte. On eût évité cet inconvénient, si dans la rédaction on eût mieux soigné l'emploi des mots, et évité les articles de détails : sans doute il étoit impossible de ne pas se servir de la représentation donnée par l'écriture, puisque nous n'avons pas d'autre moyen de communication ; mais il falloit s'en servir avec prudence, et tâcher surtout de ne pas tomber dans l'erreur où le monde entier se trouve aujourd'hui sur la puissance du langage et des mots. C'est un inconvénient dans lequel n'ont pas été entraînés les anciens législateurs, dont le langage clair annonce toute la précision des idées. Charles II l'évita également lors de sa rentrée en Angleterre ; on ne voit rien dans sa déclaration de *Breda* qui rentre dans les illusions qui avoient égaré la nation pendant la révolution : à cette époque les abus du langage n'avoient pas été portés à l'excès où nous les avons vus en France, mais ces excès en France n'étoient que de nouvelles raisons pour augmenter les précautions. Sans se servir de mots qui ont tant contribué à nos divisions, on eût pu nous donner le même bienfait, et l'on eût évité les troubles qu'amèneront long-temps les fausses idées jetées dans le peuple sur les choses et les constitutions.

Au reste, si le Roi peut, par une simple ordonnance, comme il l'a fait en 1815, changer les articles de détails relatifs à sa chambre élective, on demeure confondu quand on entend les criailleries des révolutionnaires, et quand on voit leurs efforts pour soulever le peuple, sur de simples propositions que le Roi fait aux différentes autorités de l'Etat de prendre des moyens de mettre cette chambre en rapport avec les besoins de la société. Quoi! le Roi propose aux autorités constituées de délibérer sur une mesure propre à assurer la prospérité publique, et des individus osent s'opposer à cette délibération et signalent comme des criminels ceux qui délibèreront! quoi! des individus auroient la faculté d'arrêter à leur gré les opérations du gouvernement! ils seroient les maîtres de lui dicter sa marche! Où donc est le droit de ces individus? qui donc leur a donné une telle mission? et quand ils ont depuis 25 ans conduit la France de crime en crime à un état de désorganisation effrayant, combien ne faut-il pas s'étonner de leur audace et des nouveaux crimes qu'ils préparent? Ils se disent effrontément représenter la nation, ils s'instituent ses défenseurs; faut-il leur apprendre comment une nation est représentée?

Une nation n'est représentée que par les autorités qui la gouvernent; il n'y a pas d'autre représentation: et jamais des écrivains ou des journalistes n'ont représenté une nation. La nation française étoit représentée autrefois par la famille royale et les corporations;

elle est représentée aujourd'hui par les différens pouvoirs que l'autorité souveraine a établis par la Charte; elle est représentée par le Roi, par la Chambre des pairs et par la Chambre des députés. Quand ces trois autorités ont prononcé, la nation a prononcé : tout appel contre cette décision est une révolte, et par conséquent un crime.

Pour colorer leur révolte, les révolutionnaires mettent en avant des systèmes qu'ils appellent *libéraux*, et proclament que c'est pour établir ces systèmes, qu'ils insurgent les peuples ; depuis 25 ans, c'est la manie qui nous a perdus, et la société a cessé, quand on a voulu mettre des systèmes à la place des lois : ce qui se passe en ce moment à l'égard de la Charte, est une preuve nouvelle du danger des systèmes. Au lieu de parler de la Charte, même les meilleurs amis du Roi ne parlent que de systèmes ; si l'on veut juger une institution, ce n'est point d'après la Charte, c'est d'après un système, appelé représentatif, qu'on juge de cette institution. Les révolutionnaires se sont emparés de cette erreur : laissant là la Charte, qui est trop positive pour eux, ils ont entraîné leurs adversaires dans les espaces imaginaires ; et bientôt, profitant du vague que présente le système représentatif, comme tous les systèmes possibles, ils ont amené l'état de division que nous voyons aujourd'hui.

Que les hommes qui sont à la tête des nations sachent donc bien que l'on ne gouverne pas avec des systèmes : gouverner une nation, c'est suivre les faits et les lois qui l'ont amenée à l'état où elle se trouve ;

mais vouloir conduire une nation suivant un système que l'on s'est fait, ce n'est plus la gouverner, c'est la détruire, c'est méconnoître les élémens qui lui ont donné naissance, c'est faire ce qu'ont fait les révolutionnaires depuis 30 ans. De plus, gouverner une nation, c'est rendre la justice par les autorités constituées, et maintenir l'obéissance de la part des citoyens; mais quand à la place des lois on veut mettre des systèmes, il n'y a plus ni justice ni obéissance, et par conséquent il n'y a plus de gouvernement; comment voir un gouvernement dans une assemblée de philosophes qui disputent sur des systèmes? Ce n'est point pour ergoter sur des idées vagues, qui peuvent se prêter à tout, que le Roi a appelé une Chambre élective; et le peuple ne nomme pas ses députés pour être tiraillé par des systèmes, et allongé ou raccourci suivant les besoins de ces systèmes. Un système d'ailleurs n'est qu'une fiction, c'est une hypothèse par laquelle on veut expliquer des effets; c'est une supposition; où sera le type de la supposition, à quoi faudra-t-il rapporter le système, et qui en jugera la bonté? C'est ici que l'on tombe entre les mains des agitateurs, qui se proclament effrontément les seuls interprètes des systèmes, et qui appuient bientôt leur mission par les cent mille bras du peuple. L'idée de système, en fait de gouvernement, est une de ces confusions produites par la doctrine révolutionnaire, qui veut régler les choses par les mots, au lieu d'employer les mots pour représenter les effets des choses. Enfin un des grands inconvéniens des systèmes, c'est de donner le change aux affections des citoyens et de les empêcher de prendre ces sentimens d'amour et de fidélité qui font les grands peuples. Les systèmes ne portent que sur des abstractions, et le peuple ne peut saisir les abstractions; il lui faut des êtres réels, qu'il puisse voir et aimer. Par exemple, par suite de l'esprit systématique, on a substitué l'idée de gouvernement à celle de la personne royale; on ne parle plus du Roi, on ne parle que du gouvernement; le peuple n'entend rien à cela : il disoit autrefois, la volonté du Roi, l'autorité du Roi, la bonté du Roi, les bienfaits du Roi, etc.; toutes ces expressions le ramenoient à des sentimens d'amour, parce qu'il trouvoit une personne pour les appliquer; aujourd'hui l'idée de gouvernement est une abstraction à laquelle il ne peut rien comprendre, et qui ne lui laisse rien dans l'esprit. Bonaparte, qui fit beaucoup de fautes, ne fit pas celle-là; on ne parloit pas sous lui de systèmes et d'abstractions, mais bien des personnes et des choses, et par là s'étoient élevés des sentimens d'enthousiasme dans une nation qui a besoin d'aimer, mais qui veut connoître ce qu'elle aime.

En fait de gouvernement, la mode aujourd'hui est pour le système représentatif; éclaircissons les choses, et nous verrons que le système à la mode laisse de fausses idées sur les gouvernemens, que cependant l'on veut régler par sa puissance. Si une nation n'étoit qu'une petite société, composée de personnes toutes du même âge et de la même capacité physique et morale, tous les membres de la société étant parfaitement égaux, on concevroit qu'elle se gouvernât sans représentation;

mais comme, par la nature des choses, une nation est composée d'individus qui n'ont pas et ne peuvent avoir les mêmes droits, comme le mouvement journalier amène des variations continuelles dans l'existence des associés, il faut dire qu'il ne peut pas exister de nation sans une représentation quelconque. Il faut dans toute nation que les femmes, les enfans, les vieillards soient représentés, il faut que les hommes de travaux, les ouvriers de toute espèce, les domestiques, en un mot la masse soit représentée : ainsi, sous le rapport général, tous les gouvernemens sont représentatifs. Dans les gouvernemens, que nous appelons despotiques, la nation est représentée par une seule personne, c'est le despote ; c'étoit là la représentation de la France sous Bonaparte : dans les monarchies tempérées, telle que la France avant la révolution, la nation est représentée par la famille royale et les corporations de l'Etat ; dans les monarchies tumultueuses, telle que l'Angleterre, la nation est représentée en partie par le Roi et les corporations, et en partie par des députés élus ; c'est cette dernière forme de gouvernement que la Charte a donnée à la France ; mais cette forme ne peut pas être qualifiée exclusivement de représentative. Le gouvernement d'Angleterre n'est pas plus représentatif que le gouvernement de Turquie, où le Grand-Seigneur représente aussi la nation ; sans doute la forme de la représentation est bien différente dans les deux nations ; mais cette variation dans la forme n'empêche pas l'assimilation dans l'espèce : un homme grand et un homme petit sont différens entre eux ; cependant tous deux appartiennent au genre humain : de même, tous les gouvernemens sont représentatifs, parce qu'il est impossible qu'une masse se gouverne elle-même, et qu'il lui faut toujours des représentans.

Les choses ainsi éclaircies, on voit bien que l'on donne au peuple français une fausse idée du gouvernement établi par la Charte, en lui parlant de gouvernement représentatif. Si, au lieu de le jeter dans des abstractions, on lui disoit que le Roi, qui possédoit seul l'autorité souveraine, avoit voulu la partager avec une chambre élective, et qu'alors la représentation de la France, qui se faisoit autrefois par la famille royale et les corporations, alloit prendre une nouvelle force par l'appel des députés élus ; cette idée seroit claire, et tout le monde pourroit la concevoir : mais, lorsqu'au lieu de cela on vient me dire que le Roi a accordé le système représentatif, je n'y entends plus rien. D'un autre côté, l'on altère en moi l'idée du bienfait : par le vague que laisse le mot *système*, on me place dans un état de dispute continuelle, et bientôt on efface entièrement le sentiment de reconnoissance que j'avois d'abord conçu. Si je voulois qualifier le changement fait par le Roi dans le gouvernement, je ne dirois pas qu'il nous a accordé le système représentatif, puisque l'ancien gouvernement étoit aussi représentatif ; mais je dirois que la différence, entre l'ancien et le nouveau gouvernement, est que l'ancien gouvernement n'admettoit rien d'électif, que tout étoit fixé à l'avance par l'ordre des familles et les règlemens des corporations, au lieu que le nouveau admet de plus une représentation produite par la voie de l'élection. Ainsi, en continuant l'emploi du mot système, il faudroit dire que nous sommes tombés dans le système électif; mais si nous voulons ramener l'ordre dans le monde moral, pour l'introduire ensuite dans le monde politique, évitons par-dessus tout de nous jeter dans des abstractions qui ne donnent lieu qu'à des disputes.

§. IV.

Du pardon des crimes, et de la validité donnée aux conventions passées dans les temps de trouble.

La révolution a détruit de fond en comble la société française, elle a anéanti toutes les lois religieuses, politiques et civiles; elle a renversé toutes les autorités légitimes; ce sont là sans doute les plus grands crimes possibles : cependant ces crimes ne sont pas des faits personnels à un ou plusieurs individus désignés et qui par conséquent soient susceptibles de punition par les voies humaines. Dans la destruction d'une société, il y a beaucoup de personnes employées, mais peu de réellement coupables; peu ont la conscience d'une mauvaise action, beaucoup même croient bien faire, en faisant le mal; ce sont en effet bien plutôt les mauvaises doctrines que les méchans hommes qui renversent les sociétés. Il seroit difficile de rencontrer réunis plus d'honnêtes gens qu'il n'y en avoit dans l'assemblée constituante, et l'on ne verra jamais répandre sur la terre autant de calamités qu'il en est sorti de cette assemblée. Ses systèmes et ses fausses doctrines ont jeté le peuple dans un tel état d'aberration, qu'il a commis tous les forfaits possibles; mais c'étoit par égarement et non par méchanceté. Ainsi, au retour du Roi, quoique les plus grands crimes eussent été commis, il étoit impossible de revenir sur ces crimes, et la justice même eût été violée, puisque la peine eût pu tomber sur des gens bien innocens par l'intention, quoique bien coupables par le fait. Le Roi ferma l'abîme, pardonna tout, et ne voulut pas qu'on pût rechercher les individus pour ce qui s'étoit passé dans la révolution; il alla plus loin : un attentat effroyable se présentoit par-dessus tous les autres, les coupables étoient bien connus, le fait étoit bien précisé ; mais c'étoit encore le fait d'une assemblée, et des hommes avoient pu être entraînés, par des influences étrangères, au crime; le Roi voulut que le fait du 21 janvier fût enveloppé dans le pardon général ; les juges de Louis XVI furent assimilés aux personnes égarées par les doctrines révolutionnaires, il fut fait défense aux tribunaux de les rechercher ; ainsi les faits et les opinions, tout fut couvert d'un voile éternel. Après ces intérêts généraux, le Roi s'occupa dans la Charte des intérêts privés : comme il ramenoit avec lui la légitimité, la justice et le droit, il voulut rendre à l'empire des principes toutes les conventions qui s'étoient passées dans les temps d'égarement et de troubles. Pour cela, il déclara que tous les vices d'erreur ou de mauvaise foi étoient remis, il consacra toutes les transactions passées pendant la révolution, valida tous les titres, légitima toutes les possessions.

Ici la Charte présente une fixité qu'elle ne pouvoit avoir sur les détails réglémentaires de la chambre élective. Ces détails regardoient l'avenir, et le Roi n'avoit pas le pouvoir d'enchaîner les générations à venir par des formalités qui pouvoient devenir contraires à leur bonheur. Mais à l'égard des individus, comme tout ce qui est accordé par le Roi regarde le passé, tout y est fixe, tout y est irrévocable; la Charte, en cette partie, a la force d'un contrat particulier qui a été accepté : le Roi a pardonné des crimes, ce pardon est irrévocable; le Roi a légitimé des titres, validé des possessions, ces possessions, ces titres sont inattaquables; la volonté de l'autorité souveraine a fait loi pour tous les tribunaux et les administrations.

Cependant les révolutionnaires cherchent journellement à égarer le peuple sur les sentimens de confiance qu'il doit avoir en cette partie de la Charte; et, pour cela, ils recourent à ces faux raisonnemens avec lesquels ils l'ont tant égaré depuis 30 ans; c'est toujours la même tactique, la même perfidie. Ils cherchent d'abord à dénaturer la promesse royale et ses effets; ils persuadent au peuple que non-seulement le Roi devoit pardonner tous les crimes et consacrer toutes les usurpations, mais encore qu'il devoit adopter la docrine qui a amené ces crimes et ces usurpations. Ainsi suivant eux, ce n'est pas assez qu'un régicide ne soit pas puni, il faut encore l'honorer; ce n'est pas assez qu'une usurpation soit validée, il faut encore rendre hommage à l'usurpateur. Posons ici des idées exactes : le Roi, en validant des choses injustes, n'a pas changé la nature des choses, il n'a pu faire que ce qui avoit été injuste à son origine ne le fût pas ; il a dit que, malgré l'injustice de leur origine, et attendu que la réparation amèneroit de plus grands maux, il vouloit, comme Autorité souveraine, que certaines choses injustes eussent la même validité que les choses justes ; il n'a pas porté par là atteinte à la nature morale de ces choses, il n'a pas prétendu les rendre justes, il leur a donné seulement la force des choses justes, ce qui est bien différent : le Roi a prononcé ici comme autorité sociale, et non comme créateur en morale ; il n'a pas dit que les intelligences alloient changer de nature, et reconnoître la justice dans ce qui avoit été appelé injustice depuis l'origine du monde.

Pour fortifier les sentimens de méfiance qu'ils veulent inspirer à la nation, les révolutionnaires argumentent encore des observations que font naître leurs iniquités dans l'esprit du publiciste ; et, parce qu'on attaque la doctrine qui a produit de si tristes effets, ils disent qu'on attaque l'autorité qui a consacré ces effets ; ce sont là de ces logomachies avec lesquelles les révolutionnaires ont amené l'état de désorganisation morale où se trouve la nation française. Répondons-leur sans réplique : d'abord, comme il s'agit ici d'opinion et non de fait, il ne peut jamais y avoir de coupable, puisque la liberté d'opinions est une des bases de notre nouveau gouvernement : ensuite, pour prendre une opinion des choses morales, le publiciste est bien obligé d'examiner les faits passés ; car ce n'est que par le passé que l'homme peut prévoir l'avenir. Mais, lorsque dans ces faits le publiciste arrive aux événemens de la révolution, il faut bien qu'il donne à ces événemens la couleur qui leur appartient ; s'il rencontre dans l'histoire de cette révolution d'effroyables spoliations, telles que celle du clergé, des hôpitaux, des communes et des individus qualifiés d'émigrés, il faut bien qu'il appelle ces spoliations par leur nom ; par là il ne peut être coupable, et n'attaque nullément la possession de ceux entre les mains de qui les biens volés sont tombés ; *Montesquieu* a attaqué tous les abus qui s'étoient introduits dans le gouvernement de France, jamais il ne fut accusé d'avoir voulu détruire ce gouvernement. D'ailleurs, pour attaquer la possession d'un individu, il faut une action, et dans l'examen moral d'une opération politique, il n'y a pas d'action. Si un homme, sous prétexte que la propriété d'un autre est la sienne, vouloit se mettre en possession de cette propriété à main armée, et sans employer l'action de la justice, il seroit réprimé sur-le-champ, et, sans s'embarrasser de savoir si sa propriété a été nationale ou non, on le puniroit pour s'être fait justice à lui-même. Si un autre individu plus sage que le premier, s'adressoit aux autorités pour demander la rentrée en possession d'un domaine, sous prétexte que ce domaine étoit le sien avant la révolution, les autorités auxquelles il s'adresseroit, rejetteroient sa demande, et le condamneroient aux dépens pour son indiscrétion. Dans ces deux cas, quels reproches à faire, soit au gouvernement, soit aux individus? Le gouvernement: il a puni celui qui s'étoit fait justice à lui-même, il a rejeté la demande de celui qui a imploré le secours de l'autorité, il ne pouvoit mieux faire; et, loin de prêter à la méfiance, il a confirmé par son action le vœu de la puissance souveraine. Les individus: le premier a été puni, il a payé sa faute; le second a supporté des frais, il a souffert le sort d'un mauvais plaideur: il faut avoir tout le génie d'un révolutionnaire pour trouver des complots contre l'Etat dans de pareilles circonstances. Rien n'est donc plus absurde et plus bête, il faut laisser échapper le mot, que ces plaintes des libéraux par excellence, que l'on veut revenir contre les biens nationaux, et que c'est là l'intention des hommes de l'ancien régime. Que signifient ces suppositions à côté de faits positifs, et qu'est-ce qu'une présomption d'intention à côté d'actions toutes contraires à ces intentions? Sans doute que les hommes appelés par les révolutionnaires, de l'ancien régime, et qui heureusement pour la France ont conservé quelque tradition de cet ancien régime, sans doute que ces hommes voudroient qu'il fût possible de réparer l'horrible injustice qui nous fait rencontrer le laquais d'un Grand dans le carrosse de son maître, et l'ancien seigneur mendiant à la porte de son château; mais ce vœu innocent qu'a-t-il de contraire aux lois? Une très-grande partie de ceux qui sont devenus riches par le renversement de l'Etat, voudroient aussi qu'il fût possible de porter secours et adoucissement aux victimes dont le dépouillement les a enrichis : on leur en fait un crime ! il n'y a rien cependant dans ce regret qui ne soit compatible avec l'obéissance due au Roi, et à ses règlemens : c'est là au contraire l'élan d'un cœur généreux, c'est là le développement de ces sentimens d'humanité que la Providence a placés dans tous les cœurs. Douce et tendre pitié ! tes inspirations sont donc un crime aux yeux des révolutionnaires ; et, pour leur complaire, il faudroit encore bouleverser la nature de l'homme, comme ils ont fait du corps politique.

On ne peut concevoir l'aveuglement des hommes qui se laissent séduire par les sophismes des révolutionnaires ; comment ne voient-ils pas que l'examen moral des spoliations de la révolution intéresse non-seulement le sort des générations à venir, qu'il faut prémunir contre le renouvellement de semblables iniquités, mais même les possesseurs actuels, pour lesquels l'autorité royale a légitimé les titres et les possessions. Le premier intérêt de ces possesseurs est d'éviter désormais toutes nouvelles spoliations ; il est donc essentiel pour eux que les hommes sages, les vrais publicistes prêchent contre le retour de ces dépouillemens si dangereux pour ceux qui possèdent ; il est donc essentiel de démontrer par quels moyens on est parvenu à dépouiller la génération qui vient de s'éteindre, afin que la génération présente puisse éviter d'être dépouillée à son tour, afin que de nouveaux spoliateurs ne fassent pas de nouvelles dépouilles, qui ne pourroient être prises que sur les possesseurs actuels. Il y a plus, les publicistes en prêchant les bonnes maximes et le danger des fausses doctrines, ne servent pas les hommes de l'ancien régime, puisque ces hommes ne possèdent plus rien, et dès-lors sont à l'abri de toute spoliation. Ces prédications sont exclusivement à l'avantage des hommes du jour qui possèdent tout, honneurs, places et fortune, et cependant ce sont eux qui se laissent égarer sur le compte de ces publicistes, les regardent comme leurs ennemis, et préfèrent écouter les docteurs révolutionnaires qui, en les alarmant sur leurs possessions, ne veulent que les diviser, pour les dépouiller ensuite et recommencer de nouveaux partages. C'est une chose remarquable, que la classe des acquéreurs de biens nationaux, dont la propriété a été si formellement consacrée par le Roi, soit celle dans laquelle les coryphées révolutionnaires ont fait le plus de prosélites, et sont parvenus à répandre le plus d'inquiétudes. Ces acquéreurs ne voient pas que tous ces déclamateurs qui prédisent la rentrée dans les biens nationaux, sont des misérables qui n'ont rien, et qui ne demandent que de nouveaux troubles, afin d'amener de nouvelles confiscations et de posséder à leur tour ce qu'ils voient si tranquillement possédé par d'autres. Quel autre motif, en effet, peut justifier ces alarmes répandues sur des choses que l'on ne possède pas ; ces écrivains et ces journalistes prétendus libéraux qui se chargent de sonner l'alarme, n'ont ni fortune, ni places, ni honneurs ; peu leur importe donc la spoliation en elle-même. Mais, dans toute spoliation, il y a deux choses à considérer, le passif et l'actif; le passif importe peu aux alarmistes, mais l'actif les intéresse beaucoup, et c'est pour amener cet actif à leur profit, qu'ils tiennent dans des sentimens d'inquiétude continuelle ceux qu'ils regardent comme la matière à dépouiller.

A ces réflexions générales sur les libertés publiques accordées par la Charte royale, ajoutons quelques réflexions sur deux objets particuliers, qui tous les jours donnent lieu à de grandes discussions; je veux parler de la liberté des cultes et de la liberté de la presse. La liberté des cultes se lie nécessairement à l'idée de religion, voyons ce qu'a dit la Charte sur ce premier point.

De la liberté des Cultes.

Le premier élément des sociétés, c'est la religion; aucune nation n'a existé sans religion; l'homme renferme en lui-même quelque chose de spirituel qui a besoin d'être réglé, et c'est même par le règlement de cette partie spirituelle de l'homme, que le corps politique obtient sa plus ferme consistance. La religion de la France, avant la révolution, étoit la religion catholique; c'étoit par des causes puisées dans sa croyance que la nation s'étoit élevée au rang distingué qu'elle avoit dans la civilisation : les révolutionnaires, dans leur délire, avoient dirigé leurs principaux efforts contre la religion catholique; pour l'anéantir, ils avoient renversé la doctrine, les institutions et les individus. Relativement à la doctrine, à la place des dogmes catholiques, qui prêchoient l'obéissance aux puissances, ils avoient établi en maxime que l'insurrection est le plus saint des devoirs, et que la raison individuelle devoit l'emporter sur tout ce qui faisoit autorité. A l'égard des institutions, ils s'étoient emparé des biens destinés aux besoins de l'église, et avoient rendu par là l'exercice du culte impossible. Enfin à l'égard des individus, ils les avoient détruits, autant qu'il dépendoit d'eux, par d'horribles massacres ou par des proscriptions qui, effarouchant moins, produisoient des effets plus certains. Le Roi, rentrant en France pour rétablir les liens brisés de la société, proclama dans la Charte que la religion catholique étoit la religion de l'Etat : ces mots, *la religion de l'Etat*, signifient quelque chose; tâchons d'éclaircir les idées sur cette signification.

Remarquons bien d'abord la sagesse du Roi; il ne proclame pas d'innovations sur la religion, il proclame un fait existant, savoir que la religion catholique est la religion de la nation française : mais comme, depuis *Luther*, la doctrine révolutionnaire introduite dans l'église avoit amené des divisions dans l'exercice de la religion; comme de fait il s'étoit établi différens cultes en France, le Roi dans la Charte ne dit pas que la religion catholique est la religion de la France : ce fait, n'existant pas, ne pouvoit pas être reconnu; mais il déclare que la religion catholique est la religion de l'Etat. Remarquons bien la différence des deux mots *Etat* et *France*. Si le Roi eût dit que la religion catholique étoit la Religion de la France, tous les citoyens eussent été contraints de pratiquer la religion catholique : mais par là le Roi eût porté atteinte à la liberté des cultes, qu'il avoit commencé par proclamer, il eût étendu son autorité sur les consciences : or, il ne vouloit pas de cette contrainte. Sans doute si Louis XVIII se fût trouvé à la naissance des troubles religieux élevés par *Luther*, sa sagesse connue atteste qu'il n'auroit pas partagé l'erreur des gouvernemens d'alors, qui crurent devoir favoriser les progrès de la réforme, suivant leurs besoins politiques : il auroit vu pour l'avenir tout le danger d'une doctrine, qui rend la raison de chaque individu l'arbitre des destinées de l'univers, et se seroit empressé d'en arrêter les développemens. Mais Louis XVIII n'en étoit plus là, les choses étoient consommées ; de fait, plusieurs religions existoient ; ces religions faisoient droit pour les consciences, comme les acquisitions de la révolution faisoient droit pour les propriétaires : le Roi prit les choses dans l'état où elles se trouvoient, et respectant des faits consacrés par le temps, il n'envisagea la religion catholique qu'en ce qui étoit soumis à son autorité. Il laissa la France sous l'empire de plusieurs religions qui y existoient de fait ; mais distinguant bien la nation, de l'Etat, il déclara que l'Etat ne pouvoit marcher régulièrement avec la différence des religions, et que dès-lors toutes les personnes qui formeroient l'Etat, autrement dit le Gouvernement, seroient prises parmi celles qui exerceroient la religion catholique. L'autorité souveraine, à qui seule appartenoit le droit de régler la marche du gouvernement, a voulu être aidée de la religion catholique, dont la doctrine est essentiellement conservatrice de l'ordre social ; elle a voulu que toutes les personnes qui, à l'avenir, participeroient au gouvernement fussent élevées dans les sages inspirations de la religion catholique. Le Roi établissant un nouveau gouvernement, étoit le maître d'en fixer les conditions; il étoit le maître d'établir des degrés d'instruction, ainsi qu'il le fait tous les jours pour les juges, les avocats, les médecins, les ingénieurs. Par sa proclamation, il a établi en général la nécessité de pratiquer la religion catholique pour exercer une fonction publique; cette idée est de la plus haute sagesse et de la plus grande bienveillance pour le peuple; le Roi, qui ne désire que l'ordre, l'harmonie et le bonheur public, a vu ce bonheur public dans le fait que les hommes appelés à l'aider dans les fonctions du gouvernement, alloient être tous nourris des principes de la religion catholique ; il a vu dans ce fait une série de bons et vertueux citoyens à la tête de l'administration, et par suite, il a trouvé pour son peuple la meilleure garantie possible du respect de ses droits et de son bonheur.

Cette conséquence, va soulever les révolutionnaires qui veulent bien de la Charte, quand ils peuvent y puiser des causes de trouble, mais qui n'en veulent plus, quand l'ordre et la tranquillité doivent en sortir. Ils vont dire que la liberté des cultes ayant été proclamée, ce seroit porter atteinte à ce grand principe, que d'exiger, des personnes attachées au gouvernement, l'exercice de la religion catholique, et que par suite il y auroit violation de la Charte. Il est facile de leur répondre.

D'abord, comme nous l'avons déjà dit, la Charte n'a pas été donnée par le Roi pour établir des systèmes, et pour servir des idées vagues, telles que celles qui résultent des mots *liberté des cultes*; elle a été donnée pour assurer le bonheur du peuple actuel, et préparer celui des générations à venir. Ainsi la question ici ne seroit pas de savoir si l'on rentre dans le sens des mots *liberté des cultes*, mais bien de savoir si la condition imposée de l'exercice de la religion catholique, seroit ou non utile au bonheur public; et la question ainsi posée embarrasseroit beaucoup les révolutionnaires. C'est d'ailleurs, de leur part, une perfidie épouvantable, que de dire, qu'il y a violation de la liberté des cultes dans la mesure prise par la Charte royale de soutenir le gouvernement par la religion catholique. Le Roi, comme nous l'avons vu, a bien distingué entre la religion envisagée par rapport à la nation, et la religion envisagée par rapport à l'Etat. Libre à tous les particuliers de vivre dans la vie privée comme bon leur semblera ; la conscience d'un individu est comme son domicile, tous deux sont inviolables: l'autorité ne peut fouiller dans l'une, ni entrer dans l'autre. Mais, de ce que le Roi veut respecter la liberté qu'a tout individu de vivre dans telle religion qu'il lui plaît, et même sans religion, comme font à-peu-près tous les Français amenés à cette indifférence par la doctrine révolutionnaire, il ne s'ensuit pas qu'il ait voulu abandonner à la même indifférence le gouvernement que la providence lui a confié. N'étant pas créateur, et ne pouvant faire que ce qui est n'existe pas, il ne lui a pas été donné de conserver à la société française une unité de religion qui n'existoit plus; il ne lui a pas été donné de faire que les événemens qui ont précédé son règne n'aient amené en France des différences dans les religions; son pouvoir ne pouvoit s'exercer sur les faits passés; mais quant à l'avenir et quant à ce qui dépendoit de son autorité, il a pu établir pour le gouvernement telles conditions qu'il a voulu, et en rattachant les hommes publics aux dogmes de la religion catholique, il a montré à la fois sa haute sagesse et ses inspirations de bonté pour son peuple. Ce qui est aussi vrai que les bonnes intentions du Roi, c'est que loin de porter atteinte à la liberté des cultes, il a au contraire fortifié cette liberté, en bornant aux personnes attachées à l'Etat la nécessité de l'exercice de la religion catholique.

Mais, diront les révolutionnaires, vous allez arrêter les développemens du talent et les progrès de la civilisation; s'il se trouve en France de grands talens chez des protestans, des juifs ou des mahométans, il faudra donc que le gouvernement ne puisse employer ces talens, et par suite que la société soit privée des services qu'elle auroit pu en tirer. Repondons encore à cette argumentation.

D'abord en distinguant, comme cela doit être, le gouvernement, de la société, on peut répondre qu'ici le gouvernement seul seroit privé du secours des talens juifs, protestans ou autres, mais que la société ne seroit privée de rien. En effet, il n'est pas nécessaire de faire partie du gouvernement pour éclairer le peuple : ces journalistes qui nous donnent tant de lumières ne sont pas partie du gouvernement, ces écrivains célèbres qui sont les flambeaux des révolutionnaires n'ont pas été dans le gouvernement; *Rousseau*, *Voltaire*, *Diderot*, ni aucun autre de ces grands oracles populaires n'avoit de fonction publique, et cependant la société n'a pas moins été illuminée par leurs doctrines qui ont enfin produit la révolution. Il n'est donc pas nécessaire de faire partie du gouvernement pour éclairer la société; et au contraire, l'éloignement des fonctions publiques peut favoriser les développemens du talent, en permettant aux juifs, aux protestans et autres d'employer plus de temps à chercher dans leur imagination les nouveaux systèmes qui pourroient perfectionner la société. Ensuite il faudroit bien s'entendre sur le mot *talent*. Le talent nécessaire au gouvernement n'est pas celui d'écrivain, d'orateur, d'artiste ou de savant; depuis plus de trente ans, à en croire les journaux, nous n'avons eu dans le gouvernement que des gens du plus haut talent, et cependant depuis trente ans, à en croire les mêmes journaux, tous les gouvernemens n'ont fait que des sottises ; le talent n'est donc pas une grande garantie dans le gouvernement pour le bonheur du peuple; ainsi quand la nécessité de pratiquer la religion catholique éloigneroit quelques talens des fonctions publiques, cela ne préjudicieroit pas à la société qui ne s'en trouveroit peut-être que mieux, à en juger par les trente années qui viennent de s'écouler. Au reste on s'abuse beaucoup sur le talent nécessaire au gouvernement : le vrai talent pour bien gouverner, c'est de bonnes directions morales; celui qui remplit le mieux ses devoirs, voilà celui qui convient le mieux au gouvernement. Or, comme les grands talens n'inspirent pas beaucoup la doctrine des devoirs, j'avoue que je ne verrois pas encore un grand inconvénient, pour le gouvernement qui voudroit exclusivement des catholiques, dans le sacrifice qu'il faudroit faire de quelques hommes à talent. Sans entrer au surplus dans toutes ces distinctions, je dis que la nécessité de la religion catholique imposée à l'exercice des fonctions publiques ne porte pas plus d'atteinte aux développemens du talent, que toutes les autres conditions d'argent, d'instruction etc. On exige pour être député le paiement de 1000 fr. d'impôts, n'y a-t-il pas des talens chez des gens qui ne paient pas d'impôts ? On exige pour être magistrat, d'avoir pris ses degrés en droit, n'y a-t-il pas des talens parmi des gens qui n'ont jamais approché des écoles de droit? On exige en général d'être né français, n'y a-t-il pas des talens chez les étrangers? Qui cependant a jamais dit que, dans tous ces cas, il y eût volonté d'arrêter les progrès des lumières?

Les conditions exigées par les gouvernemens pour exercer les fonctions publiques, le sont toujours dans des intentions favorables pour la société; on sait bien que l'accomplissement de ces conditions ne donne pas toujours la capacité, mais il la fait supposer, et cela suffit; la nature des choses ne permet pas d'aller plus loin, et toute la prudence humaine ne peut amener pour les places publiques, que des présomptions de capacité. Le Roi, en exigeant pour les fonctions de l'Etat l'exercice de la religion catholique, a vu également dans cette condition une forte présomption de capacité, et par suite une garantie pour le bonheur de son peuple. Quelle garantie en effet ne résulteroit-il pas pour le public, si toutes les personnes destinées à exercer des fonctions dans l'Etat, avoient reçu les inspirations de cette religion divine, qui ne parle que de l'obéissance aux lois, de l'accomplissement des devoirs et des récompenses éternelles de la vertu! Certes, si toutes les personnes qui ont mené le gouvernement depuis 1789, avoient été nourries des principes de la religion catholique, nous n'eussions pas vu tous les crimes et toutes les calamités morales qui ont affligé notre pays. Aussi faut-il dire pourquoi les révolutionnaires redoutent si fort cette condition de l'exercice de la religion catholique imposée pour remplir les fonctions de l'Etat; c'est qu'avec de vrais catholiques, ils ne pourroient faire de nouvelles révolutions; c'est qu'avec des hommes nourris de la doctrine des devoirs, ils ne trouveroient pas des faussaires et des parjures, ils ne trouveroient pas de ces gens royalistes et républicains, tour-à-tour attachés à la légitimité ou à l'usurpation suivant les circonstances: il leur faut des hommes faciles à égarer, il leur faut des hommes qui n'ayant point de fond religieux puissent être entraînés sans remords dans les actions les plus criminelles ; en un mot, c'est que la pratique de la religion catholique leur ôteroit toute espérance de recrues parmi les fonctionnaires publics : mais ce sont là de nouvelles raisons pour justifier la sagesse du Roi dans la Charte, et les treize siècles d'exercice de la religion catholique qui ont amené la grandeur et la prospérité de la France, viennent déposer en faveur de cette sagesse.

De la liberté de la presse.

Parlons maintenant de la liberté de la presse :

Les hommes ont plusieurs facultés, les unes physiques, les autres morales ; au nombre des facultés morales, est celle de penser, qui, à mesure que les faits et l'expérience ont multiplié les connoissances, a reçu ses développemens du temps. L'établissement des langues et l'invention de l'écriture ont de plus en plus favorisé ses progrès.

Depuis l'origine du monde, il s'est formé bien des sociétés différentes, et dans aucune, jusqu'au seizième siècle, la faculté de penser n'a reçu d'entraves ; dans toutes, on a bien cherché à la diriger, mais dans aucune on n'a cherché à l'anéantir. Il étoit permis aux esclaves de la Grèce et de Rome d'en user ; pourvu qu'ils fissent bien leur service, ils pouvoient penser de leurs maîtres tout ce qu'ils vouloient. Les hommes du Nord qui renversèrent les Romains, et amenèrent en Europe les gouvernemens que nous y voyons aujourd'hui, usoient librement dans leurs forêts de la faculté de penser, et dans leurs irruptions ils n'imaginèrent pas de l'anéantir chez les autres; ils laissèrent les habitans des Gaules penser comme ils le vouloient, et ne leur ravirent que leurs terres, leurs richesses et leurs femmes. Après les conquêtes des Normands, il y eut de petits Rois, de grands seigneurs, des vassaux, des maîtres, des serviteurs, des hommes attachés à la glèbe, et dans tous ces classemens de la société, on continua de penser à son aise, chacun suivant sa situation.

La faculté de penser, toujours libre, ne connut d'abord d'autre moyen de se manifester que par la parole et l'écriture à la main; mais dans le quinzième siècle un allemand trouva le moyen de multiplier l'expression de la pensée, en faisant en un jour, par le moyen des presses, ce qui auroit exigé, par l'écriture à la main, beaucoup de temps et le travail d'un grand nombre de personnes; cette découverte fut appelée l'imprimerie.

La découverte de l'imprimerie eût été sans grande conséquence pour l'ordre social, si dans le même temps ne s'étoit élevée en Europe une doctrine nouvelle, dont le succès se lioit à la grande facilité de pouvoir multiplier les représentations écrites: cette doctrine fut celle de *Luther*. On n'a envisagé la réforme de *Luther* que comme un schisme de religion, et l'on a laissé aux théologiens le soin de la combattre, c'est là une grande erreur politique. En examinant les bases de cette réforme, on voit bientôt qu'il ne s'agit pas d'une simple différence de culte ou de rite religieux, mais qu'il s'agit d'une doctrine profonde, dont les effets s'étendent sur tout ce qui tient au monde moral, et qui embrasse toutes les ramifications de l'ordre social. Les événemens de la révolution en sont nés; les convulsions qui ont déchiré la France, qui agitent en ce moment l'Espagne et l'Italie et qui parcourent toute l'Europe, sont sorties des dogmes insurrectionnels de la réforme, et leur doivent tous leurs malheureux effets. Cet immense développement n'étonne pas le vrai publiciste : une molécule d'air amène les tempêtes, un gland produit des forêts ; de même un principe moral qui agit puissamment sur les intelligences fait naître des commotions terribles, qui retentissent dans tout l'univers social.

La base de la doctrine émise par *Luther* est d'anéantir tout ce qui fait autorité sur la terre, pour ne plus reconnoître d'autre loi que la raison individuelle ; suivant cette doctrine, les faits de nos ancêtres, leurs lois, leurs usages, leurs coutumes, rien de tout cela ne doit nous lier, quand la raison nous dit le contraire ; la loi universelle du genre humain, c'est la raison de chacun. Par là, l'individu au lieu d'être partie de l'univers, en devient le centre; ce n'est pas lui qui doit se conformer au tout ; c'est le tout qui doit se plier à ses caprices ; ainsi voilà la créature élevée au rang de créateur, et l'homme devenu tout à coup le maître de l'univers. On conçoit aisément avec quelle rapidité une doctrine qui flatte ainsi l'orgueil de l'homme, qui l'autorise dans toutes ses passions personnelles et qui lui ouvre la carrière de l'indépendance la plus illimitée, a dû s'infiltrer dans les esprits ; et quand, ensuite, les gouvernemens eux-mêmes n'ont pas craint d'ajouter leur appui aux séductions de la doctrine, les agitations les plus révolutionnaires n'ont plus rien que de naturel. Comment, en effet, une société qui n'existe que par l'obéissance et la doctrine des devoirs, pourroit-elle subsister entre des êtres intelligens, dégagés de tout ce qui fait les devoirs, et qui ne veulent reconnoître d'autre loi que leur raison particulière.

La doctrine de *Luther* dirigea d'abord ses efforts contre la religion catholique ; les Souverains de l'Europe sourirent à ces premières attaques, qui leur promettoient des divisions dont chacun d'eux espéroit profiter : ils ne virent pas que le dogme de la raison individuelle étant posé comme principe général, il alloit s'étendre des matières religieuses aux matières politiques, et que ceux qui avoient anéanti l'idée de loi divine anéantiroient bientôt l'idée de loi sociale : le monde politique fut ébranlé de ces premières attaques, et deux siècles de crimes et de massacres ont préparé l'Europe à des siècles plus effrayans encore.

Ce fut par le secours de l'imprimerie que se développèrent surtout les funestes effets de la doctrine de *Luther* : les gouvernemens étonnés de résultats si extraordinaires prirent le change. Ils voyoient deux choses toutes nouvelles, la doctrine de la réforme et la découverte de l'imprimerie. Entre ces deux nouveautés, celle qui servoit à représenter, les frappa davantage que la chose représentée ; et, sans s'occuper d'arrêter les progrès des dogmes en eux-mêmes, ils ne songèrent qu'à mettre obstacle à la circulation rapide que donnoit à ces dogmes la découverte de l'imprimerie. Les gouvernemens employèrent d'abord les tribunaux et les punitions; mais, instruits par l'expérience et fatigués de supplices, ils imaginèrent un moyen de prévenir les crimes au lieu de les punir; ce fut d'établir un tribunal appelé *censure*, chargé de délivrer des permissions d'imprimer qui mettoient les écrivains à l'abri de toute poursuite sur la publication de leurs pensées. Cette institution étoit franche et généreuse: d'un côté, celui qui vouloit publier ses pensées, ne pouvoit trouver mauvais qu'elles fussent d'abord soumises au jugement d'hommes instruits et choisis dans les premières classes de l'Etat: d'un autre côté, la censure évitoit l'arbitraire des jugemens: impossible, en effet, d'établir des décisions judiciaires sur des choses aussi vagues par leur nature, et aussi susceptibles d'interprétations différentes, que des mots; les juges ne punissent que des faits bien précisés, mais quels faits atteindre dans des représentations écrites, et comment la pensée peut-elle jamais devenir une action punissable?

Cependant les prôneurs de la raison individuelle s'élevèrent avec acharnement contre la censure, et tous les philosophes du dix-huitième siècle se déchaînèrent contre une institution qui pouvoit arrêter les progrès de la doctrine insurrectionnelle qu'ils prêchoient: enfin, en 1789, les premiers efforts actifs des révolutionnaires se dirigèrent contre la censure; bientôt elle fut supprimée, et chacun put, sans permission préalable, publier toutes ses pensées par la voie de l'imprimerie : cette licence fut appelée liberté de la presse. Il est remarquable que tous les gouvernemens, sans exception, qui se sont succédés pendant la révolution, ont proclamé, comme un avantage, la liberté de la presse, et que cependant il n'en est aucun qui l'ait respectée. Tous les hommes, qui désiroient parvenir aux places, vantoient pendant leurs intrigues la liberté de la presse; une fois parvenus aux grandeurs, ils lui mettoient des entraves. C'est que, de fait, il est impossible de maintenir l'ordre dans la société avec une institution qui échauffe à chaque instant toutes les passions, et qui jette à grands flots les erreurs et les sentimens haineux dans la masse toujours envieuse du peuple. Néanmoins, par suite de l'esprit révolutionnaire qui domine toujours en Europe, la liberté de la presse a continué d'être regardée comme une franchise politique, et Louis XVIII l'a consacrée dans sa Charte royale. Ce fut une faute politique que d'avoir dans la Charte établi, en termes généraux, la liberté illimitée de faire imprimer toutes ses pensées : la concession en elle-même étoit raisonnable; mais elle devoit être accordée d'une manière moins absolue. Il falloit établir l'institution dans l'intérêt du corps social, et non poser un principe auquel on pût sacrifier le corps social; il falloit choisir ses expressions avec le plus grand scrupule; il falloit surtout éviter de tomber dans l'abstraction, et de prêter le flanc aux sophismes bien connus des révolutionnaires. Les inconvéniens de la manière trop vague dont cette franchise a été accordée n'ont pas tardé à se faire sentir. Les Bourbons n'ont pas été rentrés, que le gouvernement a rencontré dans sa marche mille obstacles nés de la liberté de la presse ; et toutes les sessions, depuis 1814, se sont occupées de limiter cette liberté, accordée d'une manière trop absolue. Cependant la Charte l'a proclamée, il faut la respecter, et le mal qui résulteroit de l'anéantissement d'une des franchises concédées par la Charte, seroit plus grand encore que celui de l'existence même de cette franchise.

Mais, en respectant les concessions accordées par la Charte, il faut s'entendre : l'autorité souveraine, qui a consacré comme une franchise publique la liberté de la presse, n'a pas voulu par là créer quelque chose de préjudiciable au bonheur du peuple français; et, quelque signification que l'on veuille donner aux mots *liberté de la presse*, il est une idée qui domine au-dessus de ces mots, c'est l'idée du bien public. Louis XVIII, dans sa Charte, n'est point un philosophe, cherchant à établir des systèmes abstraits; c'est un monarque, rappelé par son peuple tombé dans le malheur, qui donne à ce peuple les moyens les plus sages de guérir ses maux, et d'approprier son régime futur aux temps désastreux qui se sont passés. C'est là l'idée fondamentale de la Charte, qui est tout entière un acte de salut et non une œuvre philosophique. Ceci posé, il faut dire que si les expressions de la Charte présentoient quelque chose d'obscur, il faudroit les expliquer dans le sens du bien public, but principal de l'acte ; et par suite, que si la liberté de la presse, énoncée d'une manière trop absolue, a besoin d'interprétation, cette interprétation doit être faite en faveur du peuple, c'est-à-dire, de l'ordre, de la tranquillité, et de tout ce qui peut assurer le bonheur du peuple; il en est de la Charte, comme de ces traités politiques, où certaines puissances sont présentées comme devant être favorisées; la puissance à favoriser ici, c'est le peuple français.

Les révolutionnaires ne veulent pas de ces notions sages et puisées dans les élémens du sens commun le plus simple; leur maxime est que les gouvernemens sont soumis à des principes vagues et abstraits, qui peuvent se prêter à tout; par là, ils deviennent les maîtres des événemens, et amènent à leur gré les bouleversemens qui leur sont nécessaires. *Périssent les colonies plutôt qu'un principe*, s'écrioit un révolutionnaire célèbre; périsse le peuple français plutôt que la liberté de la presse, disent les *libéraux* d'aujourd'hui. Il faut avoir le courage de combattre ces chimères et de braver les épithètes haineuses par lesquelles on ameute le peuple contre ses véritables amis.

Les choses qui tiennent à l'ordre public ne doivent jamais être examinées en abstraction. Que des raisonneurs et des philosophes s'occupent dans leurs cabinets de systèmes et de fictions, cela est sans inconvénient; mais des législateurs et des administrateurs ne s'attachent qu'à des réalités. Le véritable publiciste étudie les faits, en tire quelques maximes générales, et s'en sert avec précaution; mais il n'oublie pas que ces maximes générales sont nées des faits, il ne leur donne pas une puissance telle qu'elles fassent plier les hommes et les choses. Nourrir les pauvres est une maxime de bienfaisance; cependant envoyer des alimens à un pauvre attaqué de maladie grave, ce seroit lui donner la mort. On peut dire la même chose de la liberté de la presse : la liberté de la presse est peut-être en elle-même une bonne chose, mais donner la liberté absolue de la presse à un peuple tombé dans une sorte d'aliénation morale par vingt-cinq années d'erreurs et de crimes, ce seroit amener sa dissolution totale. Ce n'est donc pas sous des rapports abstraits que les hommes publics doivent envisager les libertés de la Charte; mais toujours sous le point de vue du bien public : il ne s'agit pas pour eux de savoir si l'on rentre dans tel principe, qui n'est qu'une fiction ; il s'agit de savoir si l'on fait le bonheur public, qui est une réalité : il ne s'agit pas, par exemple, de posséder en abstraction la liberté de la presse; il s'agit d'accorder la liberté de la presse avec l'harmonie de la société : il ne s'agit pas en un mot de fonder la liberté de la presse; il s'agit de savoir comment la liberté de la presse fondera le bonheur public.

C'est dans cet esprit qu'il faut examiner les libertés accordées par la Charte, et surtout la liberté de la presse; en partant de cette base, il sera facile de s'entendre, et tous les hommes seront bientôt ralliés. Par exemple, on a élevé la question de savoir si la liberté de la presse entraînoit la liberté des journaux : autrement dit, si les journaux devoient être exempts de la censure comme les autres écrits. La session dernière a décidé la négative, mais provisoirement seulement; je crois qu'on auroit pu le faire définitivement, sans blesser la franchise accordée par la Charte, et qu'au contraire l'esprit de la Charte est de vouloir la censure des journaux.

On vante beaucoup la liberté de la presse sans connoître son but, ses avantages ou ses inconvéniens, et ceux qui en parlent le plus, sont ceux qui en ignorent davantage : approfondissons les choses. Autrefois, les gouvernemens dirigeoient l'opinion publique; cette fonction paroissoit bien placée entre les mains de personnes à la tête des affaires, et qui par leurs relations journalières étoient à même de connoître l'impulsion nécessaire à donner à l'opinion publique, soit par rapport à l'extérieur, soit par rapport à l'intérieur. Aujourd'hui c'est le contraire, c'est l'opinion publique qui dirige les gouvernemens. Par ce système, les gouvernemens sont placés dans une situation bien plus aisée qu'autrefois : au lieu d'avoir à donner la loi au peuple, ils n'ont plus qu'à la recevoir de l'opinion publique. Cette nouveauté est-elle conforme au bon sens, à la sagesse, et surtout au bonheur public? ce n'est pas là la question; elle existe, voilà le fait, et vous entendez tous les jours de graves personnes vous dire de sang-froid, que c'est par l'opinion publique qu'il faut désormais gouverner les nations. Cependant ce nouveau gouverneur de nations a besoin d'être éclairé; pour dicter des lois, il faut bien que l'opinion publique connoisse au moins les choses sur lesquelles elle doit exercer son empire. La liberté de la presse est le précepteur destiné à élever le nouveau maître ; c'est par elle que l'opinion publique s'éclaire, s'instruit, apprend ses devoirs, et devient en état de commander au monde. Par là, se trouvent liées toutes les parties de ce système célèbre connu sous le nom de *système* représentatif. Il n'est personne, en effet, qui n'aperçoive clairement comment l'opinion publique réunie avec la liberté de la presse, forment la meilleure représentation possible. Les publicistes de l'ancien régime s'ils pouvoient revenir, seroient saisis d'un rire inextinguible en entendant parler de ces nouveaux conducteurs de l'ordre social : ils ne pourroient concevoir comment deux choses aussi vagues que l'opinion publique et la liberté de la presse peuvent soutenir les sociétés ; mais on leur montreroit, pour les guérir, l'état prospère où sont tous les gouvernemens de l'Europe : on leur parleroit de l'état bien plus prospère encore où ils sont destinés à parvenir, et il seroit impossible qu'ils ne blâmassent eux-mêmes leurs vieilles routines et leurs sots préjugés. Voici maintenant comment se fait l'éducation de l'opinion publique par la liberté de la presse. D'après le grand principe découvert par *Luther*, que la raison individuelle est la seule autorité réelle, chacun a le droit d'examiner par lui-même toutes les institutions faites ou à faire et de critiquer toutes les actions des personnes qui gouvernent, et dans ces examens et critiques nulle autre inspiration ne doit être écoutée que celle de la raison individuelle. Cependant pour examiner des institutions et pour critiquer des faits, il faut les connoître : c'est alors la liberté de la presse qui fait connoître à l'opinion publique les objets sur lesquels elle prononce. Ainsi en résultat, la liberté de la presse est destinée à éclairer l'opinion publique, tous les citoyens sont encouragés par là à communiquer leurs pensées au public afin de l'instruire, et de former ensuite l'opinion de tous par l'opinion de chacun.

Le but de la liberté de la presse bien connu, voyons si les journaux peuvent atteindre ce but comme les écrits ordinaires, et si par conséquent ils doivent être affranchis de la censure comme les autres écrits. Un journal est une chose différente d'un écrit ordinaire ; la composition d'un journal, la nature des choses qui y sont traitées, son apparition quotidienne, sa circulation obligée dans les lieux de réunion publique, tout éloigne l'idée de similitude avec les autres écrits ; ainsi, déjà vouloir assujettir à un même régime deux choses entièrement différentes, seroit une idée peu sage ; mais, puisque la liberté de la presse n'a d'autre but que d'éclairer l'opinion publique, il faut dire aussi que les journaux par eux-mêmes ne peuvent atteindre ce but comme les écrits ordinaires. Pour un écrit ordinaire, la liberté de la presse peut bien ne pas être dangereuse ; parce qu'il n'y a que les personnes en état d'en juger qui le lisent, et qu'ensuite cet écrit se présente à juger sans autre appui que lui-même ; il n'en est pas de même d'un journal. Un journal passe entre les mains de personnes étrangères à tous les genres d'instruction, et par là les questions les plus ardues de l'ordre politique, se trouvent soumises à la décision de la classe la plus ignorante de la nation : c'est ainsi que les ouvriers du faubourg Saint-Antoine en 1789, 1790, 1791 et 1792, ont rendu les décisions qui nous dirigent encore dans nos nouveaux systèmes ; les études préparatoires de ces législateurs se faisoient avec des journaux. Qu'on publie une brochure, il n'y a que l'homme instruit dans la partie traitée en cette brochure qui se décidera à l'acheter et à la lire ; si l'auteur s'est trompé, s'il s'est livré à de fausses doctrines, le mal sera peu dangereux, et l'homme instruit se préservera facilement de l'erreur : mais l'homme du peuple appelé tous les jours à la lecture d'un journal en boira l'erreur avec avidité ; et plus cette erreur sera grossière, plus elle sera de son goût. D'un autre côté, une brochure qui traite de questions politiques, ne parle que de ces questions ; mais un journal renferme une multitude de choses disparates qui finissent par jeter la confusion dans les idées du lecteur ; une question de droit est à côté d'un article sur les spectacles ; un article de religion est à côté d'une plaisanterie sur les mœurs : croit-on que dans un tel mélange, l'opinion publique puisse prendre cette instruction qu'on a voulu lui donner par la liberté de la presse? Chose étrange ! il n'est pas de père de famille qui voulût que son enfant fût enseigné avec des journaux, et cependant l'opinion publique, cette souveraine des sociétés, cette directrice universelle des gouvernemens recevroit son instruction par des journaux ! Mieux valoit laisser là l'opinion publique, et transporter tout de suite la puissance aux journalistes.

Je pourrois multiplier les observations, mais il ne faut pas tout dire ; il suffit d'éveiller l'attention : or quiconque voudra user de son bon sens et être de bonne foi sentira facilement la différence, qu'il y a entre un journal et un écrit ordinaire ; et si, en rappelant le passé, il veut joindre l'expérience au raisonnement, il conclura bientôt, que si la Charte a voulu de la liberté de la presse pour éclairer l'opinion publique, elle n'en a pas voulu pour l'égarer ; et que dès-lors, si les écrits ordinaires doivent être dégagés de toute censure, il faut tirer une conséquence tout opposée pour les journaux. Ainsi, comme on le voit, la Charte, loin de rejeter la censure des journaux, l'indique au contraire ; et c'est rentrer dans son but, que de ne pas laisser circuler, sans précaution des écrits qui pourroient égarer l'opinion publique au lieu de l'éclairer.

A tout cela, j'ajouterai que le gouvernement pourroit encore, toujours en respectant la liberté de la presse, remédier aux inconvéniens des journaux par son action immédiate sur le mouvement de la société : les journaux peuvent être dangereux par leur composition, mais ils le deviennent bien davantage par la rapide circulation qui leur est donnée ; cependant cette rapidité de circulation ne dépend que du gouvernement : comment se fait-il donc qu'il n'ait pas encore pensé à user de ses propres forces pour la paralyser ? Les journaux ne circulent dans l'intérieur de la France que par le secours des postes, administration qui est tout entière dans la main du gouvernement; comment le gouvernement n'a-t-il pas employé cette administration à ralentir la circulation des journaux qui lui sembloient dangereux, ou à rendre cette circulation tellement dispendieuse que le prix eût équivalu à une prohibition? La liberté de la presse est la liberté par chacun de faire imprimer ses pensées sans censure préalable; mais ce n'est pas pour cela l'ordre au gouvernement de faire circuler toutes les pensées imprimées. En ne faisant pas circuler des écrits dangereux, le gouvernement ne peut certainement pas être accusé de violer la Charte, et jamais les plus subtils raisonneurs ne pourront établir l'obligation, par le gouvernement, de répandre dans toutes les ramifications du corps politique le poison qui doit le tuer. Le gouvernement peut donc sans sortir de ses devoirs, et en y rentrant au contraire, mettre obstacle aux mauvais effets des journaux, en n'accordant le secours des postes qu'à ceux qui rentreroient dans ses doctrines. Par là, l'établissement des journaux auroit un double avantage, celui de mettre à la portée du public les sages doctrines, et celui d'éloigner beaucoup de personnes de la lecture de ces maximes d'insurrection prêchées par les révolutionnaires. Je ne fais, au surplus, qu'effleurer une idée qui, mûrie dans des têtes sages, comme il en existe beaucoup dans le gouvernement, produira certainement des effets utiles au public.

Je termine ici mes réflexions sur la Charte. Je crois avoir démontré que ce n'est que par un abus du langage et des mots, que les révolutionnaires sont parvenus à faire naître des divisions à l'occasion de cet acte de justice et de bienveillance. Je crois avoir démontré que cet acte contient tous les élémens d'une société sagement organisée, et qu'il n'est pas une des institutions nouvelles qu'il renferme, qui ne puisse avec la prudence du gouvernement tourner à l'avantage du peuple. Je ne dirai plus qu'un mot; c'est qu'il faut se défier par-dessus tout de ces libéraux exclusifs qui se présentent au nom du peuple comme les seuls interprètes de la Charte, et qui produisent effrontément leurs raisonnemens comme les seules puissances morales de l'univers. Cette prétention des libéraux est toute la doctrine révolutionnaire ; c'est là ce dogme de la raison individuelle qui veut tout réformer, qui donne à tout raisonneur un droit de souveraineté, et qui lui fait mépriser toutes les autorités qui ont existé sur la terre pour n'écouter que ses idées personnelles. Cette doctrine séduit tous les écoliers qui sortent du collége, et qui à leur entrée dans le monde se voient de suite associés à la plus haute puissance; elle séduit tous les faiseurs de systèmes qui se trouvent élevés par leur raison à un pouvoir supérieur à celui de la Providence; et de ce délire de l'orgueil à l'insurrection, il n'y a qu'un pas : ajoutez en effet à l'orgueil du raisonneur, le caractère de sottise et de cruauté qui sort toujours d'un amour-propre exalté, et vous avez un révolutionnaire complet : voyez ensuite cette foule de doctrinaires employée par les plus adroits au profit de l'ambition et des passions personnelles, et vous expliquerez bientôt la révolution et la possibilité à l'infini des révolutions nouvelles, tant qu'on ne détruira pas jusques dans ses racines cette doctrine de l'insurrection. Concluons que c'est à la destruction de cette doctrine, que les personnes qui tiennent les rênes du gouvernement, doivent employer tous leurs efforts : la masse des libéraux est composée d'honnêtes gens égarés, détruisons l'égarement, et nous retrouverons les honnêtes gens.

FIN.

De l'Imprimerie de DEMONVILLE, rue Christine, n°

www.ingramcontent.com/pod-product-compliance
Ingram Content Group UK Ltd.
Pitfield, Milton Keynes, MK11 3LW, UK
UKHW031942260826
14628UKWH00004B/1798

9 782012 470491